I

APPEL

A L'OPINION PUBLIQUE

Sur les dangers qui menacent d'entraîner
de plus en plus les Chambres législatives
hors des voies constitutionnelles,

OU

*LETTRE à Son Excellence le Ministre des
Affaires étrangères (alors M. le baron Pasquier),
sur l'inviolabilité des lois fondamentales.*

« Est ce que, par hasard, le ministère ne
» gouvernerait pas selon la Charte, et tout
» le mal viendrait il de ce qu'il ne sait
» pas comment on s'y prend ! »

GUIZOT.

A PARIS,

A LA LIBRAIRIE NATIONALE, PALAIS-ROYAL,
Galerie de Bois, n°. 235.

1822.

Par le baron D'Andrée. Voy. De Manne.

APPEL

A L'OPINION PUBLIQUE

Sur les dangers qui menacent d'entraîner
de plus en plus les Chambres législatives
hors des voies constitutionnelles,

O U

*LETTRE à Son Excellence le Ministre des
Affaires étrangères* (alors M. le baron Pasquier),
sur l'inviolabilité des lois fondamentales.

« Est-ce que, par hasard, le ministère ne
» gouvernerait pas selon la Charte, et tout
» le mal viendrait-il de ce qu'il ne sait
» pas comment on s'y prend ! »

GUIZOT.

A PARIS,

A LA LIBRAIRIE NATIONALE, PALAIS-ROYAL,
Galerie de Bois, n°. 235.

1822.

IMPRIMERIE DE P. GUEFFIER.

A L'ÉDITEUR.

———

Les voilà, Monsieur, ces réflexions politiques que vous avez vues avec indulgence, et que vous avez désiré livrer à l'impression. Je vous les abandonne. J'ignore quelle destinée les attend. Ce que je peux attester, c'est que partout j'ai cherché à

écrire comme j'ai senti, avec conviction
des principes, avec respect et amour pour
l'auguste dynastie des Bourbons.

L. B. D.

AVERTISSEMENT

DE L'ÉDITEUR.

Ces réflexions, aussi fortes que mesurées, nous ont paru devoir intéresser le public. Les livrer à l'impression au moment de l'action d'un nouveau ministère, c'est ajouter à leur propre mérite celui de l'a-propos ; car tout annonce que des débats, qui ont été seulement suspendus, vont reprendre avec une vivacité nouvelle, et que des questions, qui n'en devraient point être, seront imprudemment abordées sans crainte des orages, et plus encore de la suite des succès. Cette dernière considération de l'à-propos nous a déterminé. L'esprit de parti invoque les principes ; mais il ne s'y soumet jamais ; il est, au contraire, toujours prêt à les méconnaître , pour peu que cela l'arrange. Déjà, à l'époque des sessions précédentes , il s'est ouvert la route de l'inconstitutionnalité , et une fois engagé dans cette route, il n'a plus qu'a avancer. Il est hors de doute qu'il le cherchera ; il est hors de doute qu'il le voudra. Tel est son caractère, et ce n'est pas une simple présomption, c'est malheureusement une certitude , que la session qui commence est destinée à offrir, à cet égard , de nouvelles tentatives. Les bons esprits ne sauraient donc trop se prémunir contre cette tendance à renverser ce qui doit tout dominer, et à discuter ce qui est hors de toute discussion : tendance funeste qui met la société elle - même en problême.

Faut-il le redire sans cesse ? tout ce qui est fait en contravention de la loi fondamentale ne saurait durer long-temps. Lorsqu'on s'en est écarté, il arrive un moment où il faut nécessairement revenir sur ses pas. Est-on sûr de le pouvoir toujours sans secousse ? Mieux eût valu rester fidèle à la loi jurée. C'est pour signaler le danger, que les Réflexions que nous offrons au public paraissent avoir été écrites. Une recommandation existe en elles pour le lecteur impartial. L'auteur, en traitant avec toute l'indépendance de son sujet, de la suprématie et de l'inviolabilité de la loi fondamentale, se montre toujours également pénétré du respect dû à la vérité, et du respect dû aux dépositaires de l'autorité du prince. Cela est simple quand on a de bonnes raisons pour soi. Cette première lettre rap-

pelle à grands traits les principes con-
servateurs sur lesquels repose l'ordre
social. Des développemens seront
l'objet de lettres nouvelles pendant le
cours des délibérations parlementaires.

E. D.

Paris, 13 janvier 1822.

———

APPEL

A L'OPINION PUBLIQUE

Sur les dangers qui menacent d'entraîner de plus en plus les Chambres législatives hors des voies constitutionnelles,

ou

LETTRE à Son Excellence le Ministre des Affaires étrangères (alors M. le baron Pasquier), *sur l'inviolabilité des lois fondamentales.*

———

Monseigneur,

Au moment où je prends la plume, je me demande quels sont, auprès de Votre Excellence, mes titres pour oser réclamer et attendre le sacrifice d'une portion quelconque de son temps. Si j'en ai, ils ne peuvent se trouver que dans elle-même ; et c'est son dévoûment au Roi et à la patrie qui vaudront aux réflexions que je viens lui soumettre un ınstant et peut-être quelqu'ıntérêt. Inconnu, et sans aucun antécédent quı puısse me re-commander à elle, je dois sans doute beau-coup me défıer de moı-même, lorsque je prétends l'ıntéresser à ce que vıens luı dıre, car, quelle apparence que, sur des ques-tıons polıtıques quı ont été approfondıes depuıs longtemps, et mıeux qu'ıl ne me se-raıt jamais permis de vouloır l'entreprendre, quelle apparence, dıs-je, que mes observa-tıons aıent le bonheur de fixer l'attentıon de Votre Excellence? N'est ce pas trop de préten-tıon à un solıtaıre? Cependant c'est peut-être son ısolement même quı le recommandera mıeux. En ces grands objets d'ordre socıal, quels que soıent nos efforts pour nous tenir sur nos gardes, presque toujours ıl se mêle, à notre ınsçu, dans les motıfs de nos opınıons, quelque chose d'étranger; et, sans se laısser apeıcevoır, son actıon ınflue, contre notre volonté, suı nos determınations. Votre Ex-cellence se dıra que l'homme sans nom, sans lıaisons et ııe tenant à aucun partı, doıt, par cela même, être dırıgé dans l'ıntérêt seul de la véııté, et cette réflexıon la dısposera à plus de bienveillance. Elle a fait un appel à la bonne foi : je me flatte qu'elle en trouvera le caractère dans les réflexions que je viens lui présenter, et dans la manière directe dont j'ai l'honneur de les lui transmettre.

L'avouerai-je ? je crains que de bonnes intentions n'égarent. On creuse un gouffre devant soi. Voilà trente ans que la lutte dure, n'est-ce pas assez ? Veut-on la faire recommencer avec plus de violence que jamais ? Sera-ce en vain qu'un Prince législateur aura eu la sagesse de poser lui-même des bornes à son pouvoir et d'enchaîner sa volonté ? Ses ministres vont-ils r'ouvrir l'arène ?

Deux événemens politiques, d'une nature semblable, ont eu lieu à une grande distance l'un de l'autre : nous ne saurions trop les avoir présens à notre pensée. En 1789, la France s'insurge pour obtenir des droits imprescriptibles : l'égalité devant la loi, la liberté individuelle, l'indépendance de la pensée, le vote de l'impôt par une représentation nationale. En 1820, l'Espagne s'insurge pour obtenir les mêmes choses,

l'égalité devant la loi, la liberté individuelle,
l'indépendance de la pensée , le vote de
l'impôt par une représentation nationale. En
France , les murs de la Bastille tombent; en
Espagne , les portes des prisons d'état s'ou-
vrent et l'inquisition disparaît. Monseigneur,
dans le discours prononcé le 24 mars à la
Chambre des Députés , Votre Excellence
dit: « Que l'Espagne soit grande et heureuse;
mais sachons reconnaître que le but auquel
elle veut atteindre est précisément celui
auquel nous sommes arrivés.»Nous avons donc
en France tous ces droits imprescriptibles ?
La charte les donne , daignera me répondre
Votre Excellence. Mais si la charte peut,
sans mandat spécial , être modifiée , nous
n'avons plus rien. Je m'abstiens de faire men-
tion de la prétendue différence que l'on a
voulu établir entre des articles fondamentaux
et des articles réglémentaires : je croirais
manquer à Votre Excellence , si je discutais
sérieusement cette distinction jésuitique.
Votre Excellence poursuit en ces termes :
« Ah ! Messieurs, que si l'Espagne avait eu la
moitié des biens que nous possédons ; si elle

n'avait eu à craindre que le despotisme qu'on affecte de redouter, qu'ils seraient donc coupables ceux qui seraient venus la tirer d'un état si heureux, pour la jeter dans des chances inséparables d'un ordre de choses tout nouveau ! Et nous, Messieurs, ce serait après avoir franchi tant d'écueils, après avoir été réduits à faire si souvent la part du naufrage, qu'on voudrait nous repousser sur cette mer des orages !.... » Mais à qui s'adressent ces paroles éloquentes? n'est-ce pas aux ministres qui, oubliant les pertes du naufrage, semblent vouloir eux-mêmes nous repousser sur cette mer des orages ?

Votre Excellence dit encore : « Puisque la loi fondamentale a déterminé la forme et l'action du pouvoir législatif, qui peut, avec raison, contester maintenant à ce pouvoir le droit et l'autorité nécessaires de pourvoir aux besoins toujours renaissans et toujours nouveaux de la société? » Monseigneur, quand le ministère a voulu modifier la loi fondamentale, il s'est fondé, sans doute, sur les besoins de la société ; et dans quelques jours, peut-être, ce même motif qui, le 15 février, a fait monter **M.** le duc Decazes à la tribune , pourra y être invoqué par les orateurs de la Chambre des communes , s'il en est toutefois qui ci oient avoir reçu un mandat pour délibérer des changemens à cette loi. C'est-à-dire que pour la plus grande stabilité , rien ne serait stable. N'est-ce pas en d'autres termes établir que la Charte n'est pas la Charte ? Je supplie Votre Excellence d'examiner elle même si elle ne tourne pas ici dans un cercle vicieux : une loi fondamentale, qui détermine des pouvoirs qui , à leur tour, déterminent la loi fondamentale ! E tce cercle vicieux, Votre Excellence l'a tracé. Si nous lisions dans la relation d'un voyageur, qu'il existe au loin un peuple chez lequel les lois sont de deux sortes ; que pour assurer la permanence des premières , qu'on appelle fondamentales, les pouvoirs institués, destinés à faire les lois ordinaires , jurent, avant tout , de maintenir la loi fondamentale ; mais que ce serment ne lie point ; que ceux qui l'ont prêté ne se sont soumis qu'à un appareil sans objet ; qu'ils n'ont prononcé que des mots sans valeur ; qu'ils conservent enfin le droit de changer, quand il leur plaît, cette loi qu'ils ont juré de maintenir, nous dirions que ce peuple est un peuple de fous, ou que le voyageur est tombé dans d'étranges erreurs. Nous sommes ce peuple, puisqu'un serment que l'on peut violer impunément, en cessant d'offrir une garantie, n'est plus qu'une dérision.

Ceci me conduit à un principe aujourd'hui reconnu par l'Europe et par l'Amérique civilisées : il est temps de l'aborder. Votre Excellence s'exprime ainsi : « Il est des questions qu'il faudrait peut-être envelopper dans de mystérieux nuages. » J'ose avoir une autre opinion. La vérité ne peut faire de mal. Son essence est d'être bienfaisante, et il est toujours utile de faire connaître l'erreur. Il n'est bon de cacher ni l'une ni l'autre. Les mauvais génies seuls peuvent vouloir amonceler ainsi les nuages sur la vérité et sur l'erreur, et Votre Excellence n'est pas faite pour invoquer le secours des mauvais génies. Enoncer, au surplus, le vœu que des nuages vinssent s'interposer entre la vérité et les hommes, déjà ce serait en quelque

sorte avoir signalé cette vérité. Après tout,
que Votre Excellence se rassure, la souveraineté de la société, loin d'être un dogme
politique jamais redoutable là où il est avoué,
imprime, au contraire, aux gouvernemens
qui s'y confient, une force morale incontes-
table, fondée sur le besoin et sur la persua-
sion (1). C'est une vérité, je le crains, contre
laquelle viendront se briser tous les sophismes de M. le comte de Bonald et les som-
mations de M. le comte de Saint-Roman.
Votre Excellence, qui, elle-même, ne me
paraît pas assez convaincue de cette vérité,
voudra peut-être me faire ressouvenir que

---

(1) Ceci exige une explication. Elle ne sera ni longue
ni cherchée. La source des pouvoirs institués de la société est ou n'est pas dans la société. Si elle n'est pas
dans la société, où est-elle? Si elle y est, voilà la souveraineté de la société. Se confier au dogme de la souveraineté de la société, c'est ne pas craindre l'aveu d'une
vérité éternelle, mais ce n'est pas appeler l'exercice
immédiat de cette souveraineté. Malheur à la société où
elle viendrait à se montrer de la sorte! ce serait la ma-
nifestation la plus complète que les lois auraient été
sans forces contre l'arbitraire de ceux qui furent chargés
de les faire observer.

l'un des publicistes les plus recommandables qui siégent au côté gauche de l'assemblée des députés, que M. Benjamin Constant a répudié dernièrement, à la tribune, ce même principe sur lequel je prétends m'appuyer. Monseigneur, je ne connais point M. Benjamin Constant, pas plus que je ne connois les autres membres de l'assemblée à laquelle il appartient. Je n'ai de relations avec aucun d'eux, et je n'ai pu, d'après deux phrases du *Journal des Débats*, le seul journal qui me soit parvenu dans ma retraite, avoir une idée de la théorie du député de la Sarthe. Je présume seulement que ce député insiste sur ce sentiment inné dans l'homme, qui maintient l'harmonie sociale, sentiment d'accord avec les lois quand elles sont justes, et au-dessus d'elles, quand elles sont injustes ou incomplètes, et je partage son opinion sur la haute importance de ce sentiment moral; mais la question reste : Ou il n'y a rien d'institué dans la société, ou il y a une volonté qui institue. Demande-t-on où est cette volonté? On répond : Dans le corps social entier. Que si l'on conteste sur la source de la volonté qui institue, c'est à ceux qui contestent à nous la montrer ailleurs. En attendant, il est permis de persister.

Ceci ne serait pas une question en Angleterre, et ne devrait l'être nulle part pour les esprits justes. Un sujet britannique auquel on énoncerait un doute à cet égard, répondrait que le pouvoir du Roi, des Pairs et des Communes, n'est pas arbitraire, qu'ils sont dépositaires et non propriétaires ; que ce pouvoir dans les trois branches de la législature est limité non-seulement par les principes généraux de justice naturelle et par l'intérêt de la société, mais encore par les formes et les principes de la constitution particulière de l'État ; ou il faudrait admettre que le Roi, les Pairs et les Communes n'ont d'autres règles à suivre, dans les résolutions, que leur volonté et leur bon plaisirs, et qu'ils pourraient dissoudre la constitution par un acte du Parlement. La vérité est une : elle ne dépend pas des latitudes, et j'ai peine à comprendre comment ce langage ne serait pas entendu de tout le monde.

Votre Excellence veut que le pouvoir législatif n'ait point de limites, quand, poursuit-elle, il est exercé dans les formes légales. Mais aucune loi jusqu'à présent n'a autorisé à violer son serment, et il n'y a point de formes légales pour cela la limite est donc ici dans le serment, car, encore une fois, pourquoi l'eût-on prêté, ce serment, si l'on pouvait aller au-delà? Elle s'étonne que l'on conteste à ce pouvoir le droit de porter telle ou telle loi. On le conteste, parce que maintenir et ne maintenir pas est impossible. On le conteste, parce que le droit de porter telle ou telle loi entraîne celui de changer la loi fondamentale; pendant que par le serment on a juré de ne la pas changer, et que les contradictoires ne sauraient être admis. Et si, pour atténuer la force de ce raisonnement, Votre Excellence insistait sur la distinction déjà faite entre des articles fondamentaux et des articles réglémentaires, il en résulterait que si aujourd'hui le ministère présentait, comme réglémentaires, quelques articles de la Charte à modifier, un nouveau ministère pourrait le lendemain, au même titre, en présenter quelques autres, et ainsi de suite, sans qu'on pût ralentir dans leurs vues d'amélioration les ministères qui se succéderaient, et aussi longtemps qu'il plairait aux passions de voir des articles réglémentaires dans la loi fondamentale. Cette considération n'arrête-t-elle pas Votre Excellence ? Eh bien, puisqu'elle le veut, il y a dans la Charte des' articles fondamentaux et des articles réglémentaires. Les uns ne peuvent être modifiés : un serment les préserve. Les autres peuvent l'être : le serment ne les atteint pas. Cette concession, dans le système adopté par Votre Excellence, ne rendra sa position que plus difficile, car, puisque par des moyens ordinaires on peut modifier des articles de la loi fondamentale, parce qu'ils sont réglémentaires, ces moyens ordinaires seront sans force pour modifier les autres, parce qu'ils sont fondamentaux : il faudra avoir recours à des moyens extraordinaires, et Votre Excellence aura ainsi indiqué elle-même ce pouvoir inhérent au corps social, source de tous les autres, auquel elle ne peut échapper, parce que la vérité la presse de toutes parts, et qu'elle a en quelque sorte avoué lorsqu'elle dit que « toute société a son intelligence souveraine. La Charte a été octroyée, ajoute Votre Excellence, et c'est pour cela que nous l'avons; mais, poursuit-elle, on insinue qu'elle n'a pas été acceptée.» J'ignore qui aujourd'hui aurait la pensée de le dire. Peut-être dans 'les temps pesans d'une invasion, le doute put-il raisonnablement exister quelques momens; mais ces temps sont loin. La Charte consolait et rassurait ce peuple qui avait le sentiment de sa force et de sa grandeur, ce peuple qui n'avait jamais perdu de vue le but vers lequel tendirent ses vœux, la conquête de ses droits civils et politiques, droits pour lesquels il avait si généreusement versé le plus pur de son sang contre l'Europe armée. Désormais la possession lui en était assurée par la Charte. Oui, il l'a acceptée, la Charte ! Eh ! n'est-ce pas la plus solennelle, la plus imposante, la plus sublime des acceptations, que cette noble résignation, ce calme, cette constance dans l'adversité, ce religieux concours d'intentions, qui d'une extrémité à l'autre faisait que tous s'entendaient : cette volonté ferme, partout unanime, partout maintenant l'ordre, partout acquittant avec promptitude et sans murmures des charges énormes. L'attitude de ce peuple, plus grand, plus admirable encore sous le coup qui l'avait frappé que dans le cours de ses nombreuses victoires, disait assez que tous les sacrifices lui étaient possibles pour délivrer le sol de la patrie de l'importune présence de l'étranger. Il se confiait, pour le surplus de ses destinées, à sa loi fondamentale. Elle lui devenait de jour en jour plus chère; elle lui paraissait inébranlable : il fallait les discours des ministress pour lui apprendre qu'ils se croyaient le droit de la changer.

Monseigneur, je me demande souvent comment, sur des principes d'une si haute importance, tels que celui de la puissance politique de la volonté nationale, celui de l'origine de la légitimité et quelques autres encore, principes qui tiennent de si près au bonheur des sociétés, il n'y a pas unanimité dans les esprits, et je ne peux en trouver d'autres causes que dans un sentiment louable en soi, mais qui préoccupe, et dans l'impé-

tuosité du caractere français, qui ne laisse
pas toujours à la réflexion le temps d'appro-
fondir les objets. Ce sujet va m'entraîner
dans une digression. Je prie Votre Excellence de me la pardonner d'avance. Je tâ-
cherai de ne point trop oublier que je ne
dois pas abuser de ses momens.

Lorsque l'homme applique son intelligence à ce qui est hors de lui, deux facultés,
messagères diligentes, vont en avant, le
sentiment et la raison ; mais l'une, plus
prompte, saisit d'abord les objets, et sans
délibération les repousse fortement, ou s'y
attache de même ; l'autre arrive plus lente-
ment, elle compte, elle mesure, elle pèse,
autant toutefois que sa devancière lui en
laisse la liberté. Arrêtons-nous maintenant
à ce qui se passe au sein de l'assemblée des
députés, quand cette impression qui ne cal-
cule pas s'y fait sentir aux âmes généreuses
et indépendantes. Les membres du côté gauche proclament le saint nom, le doux nom
de patrie, et à ce nom si puissant par les
idées qu'il réveille, se joignent, pour ne
faire qu'un, le nom sacré, le nom vénéré d'un

roi législateur et de sa dynastie. Les membres du côté droit jurent amour et fidélité à ce nom sacré des Bourbons, ce nom si cher à leurs souvenirs, ce nom accompagné de gloire, de consolation et d'espérance; et le sentiment de la patrie vient se confondre avec lui pour ne faire qu'une même chose. Ainsi donc, sous ce rapport, quelle que soit d'ailleurs la différence des opinions, il n'existe, à vrai dire, entre les deux côtés, qu'une honorable communauté de sentimens et de vœux, puisque tous deux ne voient que le prince et la patrie, et tout elan, dans une discussion qui aura pour base ce double sentiment d'amour pour le prince et pour la patrie, sera toujours applaudi et devra toujours l'être. L'esprit de servilité seul est digne de mépris. Cet esprit qui craint les longues discussions parce qu'il n'a que des opinions commandées; qui, quand il l'estime utile à ses vues, cherche toujours à étouffer les développemens des délibérations portées à la tribune, voulant par cette complaisance mériter le salaire qu'il croit avoir droit d'attendre; qui, enfin, ignore ces communications si rapides des sentimens nobles et élevés , par cela même qu'ils sont expansifs ; tandis que l'égoïsme , principe de l'esprit de servilité , dessèche et resserre nécessairement tout autour de lui. Etrange aberration ! Car, après tout, Monseigneur, n'est - il pas d'une évidence extrême , que l'on cesse de remplir le premier de ses devoirs , lorsque dans une assemblée délibérante on refuse de délibérer parce qu'on a compté les voix? Les hommes toujours prêts à réclamer la clôture , ne savent-ils donc pas encore qu'ils n'ont point été envoyés pour cela ?

Mais c'est quand l'autre faculté agit, que les membres, qui étaient unis par un même sentiment d'amour pour le prince et pour la patrie, se divisent. Le raisonnement se montre-t-il, l'unanimité disparaît, et il n'y a désormais plus de paix possible ; les opinions tranchent, les conclusions sont opposées, la langue est autre. Quelques exemples suffiront. Voici comment les deux côtés envisagent les mêmes sujets ; je prends au hasard.

2

Dans la société la forme de gouvernement adoptée a été voulue par la société. Dans la société, l1 forme de gouvernement adoptée a été voulue par le ciel.

Dans la monarchie héréditaire, la dynastie d'un homme a été choisie par ses semblables. Dans la monarchie héréditaire, la dynastie d'un homme a été choisie par Dieu.

Il n'y a qu'une morale. Il y a plusieurs morales.

La religion est dans la morale. La morale est dans la religion

La morale a sa racine dans le cœur humain. La morale a sa racine dans la religion révélée.

Les religions diffèrent dans le dogme et dans les rites ; elles ont une base commune, la morale. Les religions diffèrent dans le dogme, dans les rites et dans la morale.

L'église est dans l'État. L'État est dans l'église, etc., etc.

Je ne pousserai pas plus loin ces rapprochemens, qu'il me serait facile d'étendre ; mais on conviendra qu'avec des opinions tellement divergentes entre elles, que chaque proposition d'un côté est le renversement de la proposition de l'autre côté, il est impossible de s'entendre, et que le choc qui a lieu doit être accompagné souvent d'accusations et de soupçons injustes des deux parts, peu propres à calmer les passions et à éclairer les décisions : de-là des votes ou des discussions bien extraordinaires. Les applications sont trop nombreuses pour chercher longtemps. En voici quelques-unes.

S'il est une vérité démontrée, c'est qu'il n'y a qu'une morale sur la terre. Outrager la morale publique, c'est outrager toutes les religions. Outrager une religion quelconque, c'est outrager la morale publique. Lors donc qu'une loi répressive a dit qu'elle punissait les outrages faits à la morale publique, le sens s'est trouvé complet. Il ne l'a pas paru à tout le monde, et l'on a demandé qu'il fût exprimé dans la loi, qu'elle punissait aussi les outrages faits à la religion. Mais en admettant qu'en effet le sens ne serait pas complet, et qu'après l'article qui punit les outrages à la morale publique, il y eût eu à ajouter quelque chose encore, c'était pour les religions qu'il fallait réclamer une garantie, si l'on croyait cette réclamation fondée. Une désignation spéciale là où le législateur les protége et les honore toutes, devenait elle-même un outrage à la morale publique, c'était violer les droits des autres. La loi a rejeté cette demande : elle le devait Eh bien ! tous les jours, dans des discours travaillés avec soin et prononcés à la tribune par les orateurs les plus distingués de la Chambre, tous les jours, dans des compositions écrites dans le silence du cabinet et empreintes du sceau d'un grand talent, retentissent ces paroles : que l'on a banni la religion de la loi; que l'on a fondé l'athéisme, quand on n'a réellement repoussé de cette loi que le privilége qui voulait s'y introduire; privilége qui serait encore souverainement injuste, quand bien même il ne regarderait pas une communion intolérante par essence. Mais sur quoi se fonde-t-on ? On le cherche en vain. Serait-il donc vrai que la rectitude de l'esprit manque souvent au talent, au génie même ?

A quelque temps de là on renouvelle , sous une autre forme , la même demande , et on parvient à faire insérer dans la loi qu'elle punit les outrages faits à la morale religieuse , comme si toute morale n'était pas religieuse. On estime avoir donné une extension utile, quand on n'a obtenu que la répétition de ce que la loi avait déjà exprimé. Je le dis encore , sur quoi s'appuyent les raisonnemens que l'on fait valoir avec une si singulière assurance? Autre exemple. Dans l'exercice de sa noble profession , M. Odilon-Barrot ayant à démontrer que nulle contrainte pour fait de religion ne saurait être légalement dirigée contre un citoyen, est amené à énoncer devant les magistrats cette vérité , que la loi est athée , en ce sens qu'elle est étrangère aux croyances des hommes. Aussitôt mille échos répètent de toutes parts que M. Odilon-Barrot a horriblement blasphémé. Dans le temps où l'on brûlait pour des impiétés non prouvées , ou pour des hérésies non comprises , un énorme bûcher eût vengé la société si évidemment outragée par M. Odilon-

Barrot. Dans ce siècle, où il est permis de raisonner juste à ceux qui ont l'esprit droit, il n'a été que bon logicien. Et, en effet, placez en présence d'un tribunal le sectateur de Moïse avançant que le samedi est le jour du repos, et non le dimanche et le disciple du Christ soutenant que le dimanche est le jour du repos et non le samedi, la loi dira-t-elle comme eux ? Elle serait donc absurde en se mettant en contradiction avec elle-même. Non, quoi qu'en pense M. l'abbé de La Mennais, qui a pris la peine de répondre, la loi, par cela même qu'elle protége toutes les croyances religieuses, n'est d'aucune (1). Au ton de hauteur de cette réponse, on a peine, au surplus, à l'attribuer

---

(1) On repondra que, sans être absurde, on pourrait donner egalement raison aux deux sectaires, bien qu'en opposition ouverte, fonde sur ce precepte de morale, qui veut que chacun conforme ses actions à ses croyances religieuses Fort bien Mais, dans cette hypothese même, il resterait que ce serait toujours s'abstenir de toucher au fond Or, precisement, l'on conteste que les tribunaux puissent demeurer etrangers à la croyance religieuse des hommes, l'on affirme qu'ils ont le droit de contraindre en ce qui est sous l'empire seul de la pei

à un ministre des autels , dont les paroles
devraient, ce semble , avoir un autre carac-

---

suasion , l on veut que le legislateur n'ait pu etablir une
ligne de démarcation entre ce qui est différent de sa
nature , qu'il n'ait pu dire que la loi n'est d'aucune religion , qu'elle ne peut s'associer a ses cerémonies ni intervenir en rien dans ce qui la concerne, parce que , s'il
en était ainsi , la loi serait athee. Le premier qui a sou-
tenu que la loi , en ne connaissant pas des faits en ma-
tiere de religion , devenait athee (M. de La Mennais),
a t il bien réfléchi sur la legitimite de sa conclusion ?
On argumente ici d'une singulière maniere. On dit Si
la loi protege tous les cultes, la loi protege l'atheisme ,
qui n'est point un culte. Si la loi approuve toutes les
opinions religieuses positives, la loi approuve l'atheisme,
qui est une opinion négative. La loi est donc athee. Non,
la loi n'est point athee, elle ne peut jamais l'être , puis
que par essence la loi n'est d'aucune croyance, même ne-
gative.

Au surplus , il est ici une autre question. Je ne m'y
arrêterai qu'un instant. Il faut convenir que ce qui est
de toutes les religions n'est d'aucune ; ou, en d'autres
termes , que ce qui est de toutes les religions appartient
également aux lois politiques, civiles et religieuses. Ainsi,
le dogme d'une intelligence infinie et rémunératrice domine toutes les legislations de la terre , elle les domine,
comme le dogme de la souveraineté des lois fondamentales domine les pouvoirs des societes bien regularisees
Ce dogme d'une intelligence infinie et remuneratrice ,
est le principe de la morale qui lie le ciel a la terre, et

tère, et l'on se demande si M. de La Mennais appartient aussi à cette école moderne où l'on parle beaucoup de religion et où la dureté et l'orgueil semblent remplacer trop souvent la charité et l'humilité évangéliques.

Lorsqu'on s'occupe de questions législatives de la solution desquelles dépend le bonheur de la société, on doit supposer de part et d'autre de la bonne foi. Sans elle, serait-ce la peine de raisonner? mais avec elle ce n'est point encore assez, et trop souvent une détermination est arrêtée avant d'avoir assez réfléchi, avant même d'avoir

---

a son tour la morale est le principe des lois qui régissent les hommes. De la, les formules admises dans ces legislations, par lesquelles les lois constitutives des Etats sont proclamees en presence de l'Être Suprême et placees sous sa protection. De là, le serment des citoyens entendu et reçu par l'autorité civile et politique, comme gage dont la sainteté rappelle cette dependance des hommes envers la divinite. Celui donc, qui, au milieu de ses semblables, professerait hautement l'athéisme, ne serait point responsable, sans doute, devant la loi, pour sa croyance religieuse dont elle ne peut jamais connaître, mais il le serait comme refractaire à la constitution de l'Etat, en enlevant a la morale sa base et la morale aux lois.

assez regardé. C'est encore un sentiment
louable en soi, qui entraîne au préjudice
de la solidité de la discussion. Ainsi, l'on
voue, d'une manière générale, une haîne
profonde au gouvernement de fait, sans se
ressouvenir du nombre de dynasties ré-
gnantes qui ont commencé par ce gouvernement : ainsi l'on parle sans cesse de la
légitimité, en lui enlevant son unique base,
et l'on veut l'honorer en la faisant déchoir
du haut rang où l'a placée un vœu national,
pour l'établir sur un droit divin, qui ne se
manifeste par aucun signe extérieur certain,
qu'on ne saurait conséquemment reconnaître, et dont pourrait se prévaloir impunément le premier usurpateur qui aurait l'a-
dresse de concentrer les forces dans ses
mains. Ainsi, à l'occasion de cette même légitimité, on insiste sur les quatorze cents
années de splendeur d'une monarchie dans
laquelle, pendant ce laps de temps, les
mœurs, les usages et les lois ont varié, et
les dynasties changé ; ainsi l'on repousse dog-
matiquement, et avec une confiance peu
réfléchie, ce principe, que la résistance à

l'arbitraire est devoir. La confondrait-on
avec la révolte ? Il y a cependant quelque différence entre elles. L'une est vertu ; l'autre,
crime ; la distance est grande (1). Que penser
donc de ces théories qui imposent une même
acception là où le sens est si différent ? Si l'on
allait proclamer à Philadelphie, au milieu
de ce peuple qu'une faction orgueilleuse
appelle une colonie de marchands, de ce
peuple qui a elevé une statue à Washington,
que la resistance à l'arbitraire et la révolte
sont une même chose, cela paraîtra t fort
extraordinaire, et cela l'est en effet en tous
lieux pour les bons esprits. Si Washington
se rendit coupable de révolte, il ne mérita

---

(1) « Je n'ai trouvé autour de moi que des sujets dé-
» voués au Roi, et non des bourreaux, » répondait M. de
Montmorin, chargé d'exécuter je ne sais quel ordre san-
guinaire. Ce noble langage qui peint si bien le caractère
français, ce respect pour les droits sacrés de l'huma-
nité, ce devoûment envers elle, envers le prince et la
patrie, furent partages comme à l'envi par les differens
Ordres de l'État dans toutes les grandes circonstances, et
nos annales sont remplies de traits semblables. L'histoire
a pris soin de les recueillir comme un de ses plus beaux
titres de gloire elle ne pouvait mieux faire.

que l'échafaud, et l'histoire a menti en le
représentant comme un grand homme,
bienfaiteur de son pays.

Partout, enfin, on rencontre un vague
dans les idées, joint à une précipitation à
porter des jugemens, impardonnable dans
des discussions sur des objets d'une si haute
importance ; et, comme si tout devait concourir à augmenter la confusion, à ce défaut d'idées précises sur des principes d'ordre
social vient se reunir l'indécision de la langue
dont se servent ceux qui s'attaquent ; indécision telle, que le même vocabulaire étant
entendu au gré des passions, l'orateur d'un
côté ne répond jamais à la pensée de celui
de l'autre côté. Etrange combinaison, qui fait
que de deux hommes l'un donnera à t tre
d'injures le même mot que l'autre entendra
comme eloge, et que tous deux auront raison
par le sens qu'ils attacheront à ce mot ! Les
exemples sont nombreux. J'en presenterai
un seul. Tous les jours le mot Révolutionnaire résonne à la tribune nationale, et on
le retrouve dans les pamphlets politiques
qui se succèdent avec une incroyable rapi-

dité. Appliqué aux personnes, il représente, pour les membres du côté droit de l'assemblée, le génie du mal : un homme révolutionnaire se nourrit de sang et de crimes, et il se traîne dans la fange de tous les vices ; de son antre infect il répand ses poisons sur ce qui se trouve en contact avec lui ; dans son atroce délire , ce qui est bon et légitime lui fait horreur, et il perce avec joie le sein des plus augustes victimes, il cherche les ténèbres où préside l'impiété , mère sanglante de la révolte et de la sédition , et où s'ourdissent des trames infernales et de perfides machinations qui menacent les trônes. Ennemi féroce de ce qui est saint , la religion l'importune et le blasphême est dans sa bouche ; car il haït Dieu pardessus tout. Son langage est horrible , sa foi est la mort. Apôtre du malheur, le sacrilége le précède ; l'anarchie et la licence, qu'il appelle sous le nom de liberté , marchent à sa suite ; on lit sur ses étendards ce mot : Athéisme. Ses systèmes sont fondés sur ses intérêts personnels. Hardi et impudent provocateur , ses maximes perverses endoctrinent d'exécrables assassins et n'élèvent que des échafauds. Il élude ou brave toutes les lois divines et humaines; il attaque l'ordre social entier, et ne fonde que le principe de sa dissolution. Dans sa rage insensée, tous les moyens lui sont égaux. Il proclame la tolérance, et il établit l'oppression; il parle de droits et de justice, il ne connaît que la force, et il tue jusqu'à ce que le couteau fatal soit usé. On permettra qu'un membre du côté gauche ne se reconnaisse pas à ce tableau, et qu'il répudie de si affreuses couleurs. Toutes ses idées sont précisément l'inverse de chacun de ces traits odieux. Pour lui, l'homme révolutionnaire est celui qu'avant tout l'esprit de patrie conduit, et qui, soumis aux lois, seule puissance au-dessus de la société, a voué une haîne profonde à l'arbitraire, éternel ennemi des états; et loin que ce sentiment persévérant de haîne puisse se concentrer avec un stérile intérêt personnel, il lui en prescrit au contraire l'oubli absolu, en lui commandant le plus entier dévoûment à la cause commune. L'abnégation de tout intérêt privé est sa règle;

et puisque l'esprit de patrie a sa racine dans les plus nobles mouvemens de l'âme, il ne peut lui dicter que dans ce sens ses sentimens, ses pensées et ses actions. L'idée du crime lui fut toujours étrangère. L'envie a beau répandre ses poisons, la vérité est plus forte, elle reste. Si, funeste auxiliaire, le crime survient, résultat de l'exaspération des passions, et peut-être d'une atroce combinaison qui se sera cachée, le sang innocent coule à grands flots, et l'homme révolutionnaire tombe sous la hache au nombre des victimes. Et comme on ne peut aimer sa patrie sans respecter les droits de ses semblables, les lois et les institutions qui les assurent, il est ami de tout ce qui maintient cet ordre : des trônes, ils en sont une garantie; il ne haît que le despotisme des monarchies absolues : de la religion, elle est une prière, un culte, un besoin d'un être faible et dépendant; il ne haît que l'intolérance : des distinctions politiques, qui dans les états constituent l'existence des corps aristocratiques héréditaires, il ne haît que le privilége hors de ses rangs. La puis-

sance des rois lui paraît d'autant plus sacrée,
qu'elle est antique et qu'elle repose depuis
plus longtemps sur un vœu national. Il ne
divise point les temps historiques en deux
portions étrangères l'une à l'autre ; mais il
lie, au contraire, avec d'autant plus de raison,
l'âge contemporain aux âges qui ont précédé,
que celui-là lui paraît une conséquence nécessaire, inévitable et heureuse, des autres ;
et que si, d'une part, il puise dans les âges
antérieurs des exemples de dévoûment, de
fidélité et d'héroisme dans les différens ordres
de l'état, exemples qui, par d'honorables
souvenirs, lui rendent la patrie encore plus
chère ; d'une autre part, il y trouve de grandes leçons dans les malheurs, les fautes et
les crimes si souvent, si longtemps et si inu-
tilement repétés, qui justifient sa haîne de
la tyrannie. Ses principes sont si peu de convention, qu'ils résultent de la longue expé-
rience des siècles et des méditations des
hommes, qui, depuis Aristote jusqu'à Montesquieu, portèrent toute la profondeur de
leur pensée dans la science de la civilisation
des sociétés. On parle de sang versé ! Il est

toujours prêt à répandre le sien pour l'indépendance nationale et l'intégrité du territoire. Sous le despotisme, ses vœux appellent la liberté; sous l'arbitraire, l'ordre constitutionnel. Il s'unit d'intention à toutes les pensées généreuses d'affranchissement des peuples. Ses souvenirs se portent avec complaisance vers les montagnes de l'Helvétie, les marais de la Hollande, les plaines des Etats-Unis de l'Amérique du Nord, où le sang de tant de citoyens cimenta la conquête de la liberté. Mais ce qui le ramène dans sa propre patrie, ce qui lui rappelle la gloire de ses armées invincibles, porte son attendrissement au plus haut degré. Il se retrace alors, avec un enthousiasme bien légitime, tant de hauts faits d'armes qui imposèrent à l'Europe civilisée : ce souvenir lui est cher comme celui de sa gloire, avec laquelle il s'identifie. Il porte avec orgueil le nom Français; il se compte avec fierté au nombre des membres de la grande cité.

Maintenant changez de latitude. Cet homme chassera le Maure : s'il lui faut du temps, il en prendra; mais il l'expulsera du

sol. Plus tard il repoussera un autre envahissement. Vainement la conjuration sera
artificieusement ourdie ; vaiñement elle sem-
blera menaçante, terrible. Il affrontera la
tempête ; il résistera aux belliqueuses trou-
pes devant lesquelles aura plié le reste du
continent. La valeur et le nombre ne le
courberont point sous le joug. Dans sa colère
contre une injuste agression il jurera une
guerre à mort à ceux dont les forces sembleront prêtes à l'accabler. Il ne connaîtra
que le sentiment de la plus indomptable
haîne contre une domination imposée, et de
fidélité pour son prince légitime détenu
captif. Tout son sang appartiendra à ce mal-
heureux prince dans les fers. Il s'attachera à
défendre un trône désert, et il donnera, pour
le reconquérir , le plus héroïque exemple
qui fût jamais de constance et de fidélité.
Plus tard encore il sera prêt à verser de nouveau ce sang fidèle et généreux pour le
maintien de ses droits politiques. S'il est
chez l'étranger, il rentrera à l'appel de cette
voix impérieuse et secrète à laquelle l'honneur prescrit de se soumettre. Heureux les

rois qui ont à gouverner, au nom de la loi, de pareils sujets ! Et comme ce noble sentiment d'indépendance qui lie tous les membres de la cité, rapproche encore, de peuple à peuple, les hommes entre eux, bientôt il donnera le doux nom de frère à celui qui, sous les drapeaux de la conquête, fut naguères son ennemi. Partout et dans tous les temps, enfin, l'homme révolutionnaire obéit au sentiment le plus élevé. Si ses efforts sont couronnés du succès, un gouvernement régulier en devient le fruit, et les générations bénissent sa mémoire. Que si la mauvaise fortune, trahissant ses intentions, le livre à des bourreaux, il voit avec sérénité l'échafaud donné pour récompense à son dévoûment. Satisfait d'avoir suivi l'impulsion d'un sentiment généreux qui lui a montré le bien général pour but, au moment d'abandonner la vie, un rayon d'espérance percera dans un avenir qu'il ne doit plus connaître, et ses vœux seront encore pour la patrie. Elle lui rendra le dernier sacrifice léger. Peut-être les contemporains hésiteront-ils quelques instants ; mais l'histoire, toujours juste, impartiale et sévère, ne s'y trompera pas. Elle honore les vertus de Barnevelt, et déjà la postérité a commencé pour Porlier.

Deux élémens de discorde existent donc malheureusement au fond de toutes les discussions entre les membres du côté droit et les membres du côté gauche de la Chambre des députés : en premier lieu, dans la manière de voir une même chose ; en second lieu, dans celle d'entendre un même mot. Sans un dictionnaire commun, et avec des dispositions diamétralement opposées, il serait difficile, en effet, de tomber d'accord ou même de s'entendre. C'est ce que prouvent évidemment les séances orageuses qui ont eu lieu, séances qui en présagent de plus orageuses encore. Il y a plus. Cette opposition constante entre les membres qui ont embrassé des opinions si différentes, est telle, qu'on la retrouve alors même qu'un seul sentiment semble identifier tous les députés et confondre les opinions. Alors encore on peut démêler une opposition cachée. Une hypothèse peut faire sentir cette vérité. Elle est nécessaire pour me faire comprendre. Je prie Votre Excellence de me la pardonner.

Que dans ce moment où un Monarque cher à la France par son titre héréditaire, et tous les souvenirs qui l'entourent, par ceux qui se rattachent à sa vie mêlée de tant d'adversité, par ses vertus personnelles, par le bien qu'il a opéré, par le bien qu'il fait espérer encore, vient au sein de l'assemblée et parle aux députés émus du bonheur de la patrie, de son amour, de sa sollicitude, de ses vœux et de ses espérances pour elle, et où un sentiment universel de reconnaissance se manifeste de toutes parts et répond à ces paroles descendues du trône par des applaudissemens prolongés qui accompagnent le Monarque dans sa retraite ; que dans ce moment, et je prie Votre Excellence de se souvenir que c'est un rêve, et un rêve pénible, que je mets sous ses yeux; que dans ce moment, dis-je, l'ange des destinées apparaisse dans l'enceinte de l'assemblée des députés des départemens, investisse les membres qui la composent d'un droit qu'ils n'ont pas, et leur impose l'obligation de voter dans l'intérêt non-seulement actuel, mais à venir, de la nation, l'une de ces deux choses à l'exclusion de l'autre : La dynastie régnante avec le gouvernement absolu de Louis XIV, ou un gouvernement représentatif, mais avec une dynastie autre. Je connais mal les hommes, ou, dans cette dure extrémité, les membres du côté droit et les membres du côté gauche, en exprimant leur profonde douleur, voteraient dans un sens inverse ; et dans cette hypothèse les uns et les autres s'honoreraient également, et de leur choix, et de leur sacrifice. Car Votre Excellence remarquera sans doute que dans un vote si contraire, tous, cependant, se seraient fondés sur un même motif : le bonheur de la patrie ; tous, dans leur détermination, auraient été vivement frappés, mais sous des aspects divers, par un intérêt commun, parce que, unis de sentiment dans l'amour de leur pays, ils diffèrent en tout le reste : tous enfin, en cherchant à atteindre au même but, se seraient jetés dans des routes opposées. Il est donc constant que toujours, et alors encore qu'un seul sentiment les anime, les

membres d'un côté de l'assemblée embras-
sent dans toute leur étendue les opinions
politiques inverses de celles professées par
l'autre côté. C'est ce qu'il fallait prouver.

Mais je me hâte d'abandonner une fiction :
me la permettre , c'était me placer avec
Votre Excellence sur des charbons ardens.
Je n'ai pu vouloir prolonger cette situation
au delà de la démonstration que je cherchais.
Je rentre donc dans la vérité , et cette vérité m'avertit que le sang de la dynastie régnante est désormais indissolublement lié
aux principes d'un gouvernement représentatif. La patrie contemple cette union et elle
y compte ; rien ne saurait la détruire : elle
a été proclamée par la loi fondamentale. Ce
sang du Béarnais dont la mémoire est si
chère aux Français ; ce sang qui voit aujour-
d'hui la sagesse sur le trône ; ce sang précieux fut toujours fécond en héros, et le
germe n'en est pas étouffe. L'imagination se
précipite avec avidité dans l'avenir, et se
représente , par la dynastie vouée à la grandeur des destinées de la patrie , sous un
gouvernement représentatif , la France re-

portée au rang qui lui appartient parmi les puissances de l'Europe. Cependant, que parlé-je donc de loi fondamentale ? Ai-je oublié que cette lettre a pour objet la séance du 15 février ?

Ici, Monseigneur, je vous demande de me permettre de remonter un peu dans les temps antérieurs. Qu'y voyons-nous ? le voici : des sermens monter au ciel ; des promesses descendre du trône vers le peuple ; une garantie donnée pour répondre de la tranquillité actuelle et de la stabilité future. Le ciel a reçu les sermens du Prince. Sur la terre, ses promesses ont été entendues avec transport et reconnaissance. La loi fondamentale a été remise par un Roi législateur à la garde de tous les citoyens, et la France entière en a regardé le précieux dépôt comme un honorable gage de sécurité. Des médailles ont été frappées pour éterniser parmi les hommes la mémoire de ce grand acte. Qui le croirait ! Ces promesses sacrées, liens mutuels entre le Prince et l'État, ces promesses sacrées dans lesquelles germent la confiance et l'espérance qui vont assurer la prospérité

d'un grand peuple ; ces promesses sacrées
retentissent encore dans tous les rangs de
la société. L'ordre, le crédit, l'activité des
travaux ruraux, industriels, commerciaux,
s'en ressentent. Le Monarque, en annonçant
l'intention de renouveler ses sermens sur
les autels, vient encore de dire que la loi
fondamentale lui devenait d'autant plus
chère, que, par un sentiment unanime, les
Français s'y étaient franchement ralliés. Ses
paroles résonnent doucement à l'oreille de
tous ; et déjà les Ministres, etouffant ces
heureuses prémices, montent à la tribune
pour changer cette loi fondamentale, donnée
comme une garantie qui devait rassurer
toutes les craintes. Cette loi fondamentale
au-dessus d'eux ! Cette loi fondamentale qu'ils
ont jurée ! Cette loi fondamentale qu'ils
proposent à des Députés des Départemens,
liés comme eux par la sainteté des sermens,
de méconnaître ! L'inviolabilité, la pureté,
l'infaillibilité du trône, défendent à la honte
d'une semblable pensée d'en approcher ; mais
elle ira, rien ne saurait l'empêcher, sur le
seuil de la porte des ministres, accuser leur
erreur. Et déjà, n'en doutons pas, la muse

de l'Histoire tient le burin qui doit graver sur ses tables de bronze des événemens devenus son domaine. Elle les retracera avec la sévérité qui est dans son caractère. Elle apprendra à la postérité étonnée qu'une chose, inadmissible comme simple hypothèse, fut malheureusement une vérité historique.

Mon sujet m'entraîne, et peut-être aurais-je dû m'en apercevoir plutôt. Je prie Votre Excellence de me pardonner s'il me fait passer les bornes d'une simple lettre. Je me flatte qu'elle daignera apprécier d'ailleurs la confiance en elle, qui seule laisse aller ma plume. C'est à ce sentiment, sans douté, que je dois imputer le défaut de laconisme que je me reproche et que je vais aggraver encore.

Il est un point de vue élevé fait pour Votre Excellence, et je la prie de me permettre de m'y arrêter. Oublions, s'il se peut, un instant les hommes; en nous occupant moins d'eux que des choses, les élémens de l'organisation sociale nous en sembleront dès-lors plus nets, et notre esprit les jugera avec plus d'indépendance. Monseigneur, si l'on nous demandait quelles sont pour une monarchie les conditions morales du bonheur de la société, cette réponse ne paraîtrait-elle pas juste à Votre Excellence, que c'est alors que des liens d'amour et de confiance s'établissent entre les nations et leurs chefs? C'est ce qu'a senti pour l'heureuse France l'auteur de la Charte. Peut-être, cependant, quelquefois, dans quelques actes, sa pensée royale a-t-elle été un peu oubliée par ses ministres. Mais j'admets avec Votre Excellence que depuis la première restauration, une suite, une unité parfaite, juste conséquence de la profonde méditation qui venait de dicter la loi fondamentale de l'état, ont eu lieu jusqu'aujourd'hui. Si maintenant nous recherchons quels résultats auront répondu a cet exercice de la puissance royale, nous trouverons pour cet ordre de choses, d'une part, l'amour et la reconnaissance de la très-immense majorité, ou, en d'autres termes, de la nation française, moins une fraction, fraction assurément peu marquante quant au nombre comparé a la masse; et, de l'autre part, cette fraction mécontente, et qui n'accepte la loi fondamentale qu'en regrettant ce qu'elle remplace. Ici rien n'est couvert, quoique tout ne soit pas également ostensible. Du côté de l'immense majorité, les hommes , depuis long-temps éclairés sur leurs droits communs , s'empressent de donner une adhésion entière à une loi qui les consacre et qui les garantit. Un sentiment non équivoque de reconnaissance accompagne cette adhésion. Il se manifeste dans tous les rangs , de la toge à la charrue. Les regrets des autres , loin d'être dissimulés, sont , au contraire , en quelque sorte , affichés dans les écrits les plus remarquables qu'ils publient tous les jours ; et pour lé surplus , quels lambris dorés n'ont pas été dépositaires de leurs vœux ! Les foyers domestiques sont un sanctuaire , la loi n'a pas le droit de les interroger. Elle s'arrête à la porte d'un membre de la cité , et de son côté la morale interdit toutes révélations. Mais les vœux n'en sont pas moins un fait ; et qui de nous n'a pu juger de toute leur étendue ! Après tout , il n'y a rien là qui doive exciter notre surprise , l'orgueil des castes est une maladie morale. Plaignons les victimes qu'elle fait ; elles ne connaissent pas tout ce qu'un sentiment exclusif leur fait perdre en les isolant de la grande famille : l'orgueil national vaut mieux.

Que des liens d'amour et de confiance soient dans la loi fondamentale, ce n'est point une question pour ceux qui réfléchissent, c'est un fait. Cette loi proclame des vérités aujourd'hui comme à l'aurore de la révolution, la pensée et le vœu de tous, et Votre Excellence ne me demandera pas, sans doute, des preuves qu'en effet des liens d'amour et de confiance sont dans la loi fondamentale. Elle le voit ; elle n'en exigera pas davantage, ni de l'enthousiasme bien naturel qui se manifesta à cette époque de l'aurore de la révolution, ni des causes de cet enthousiasme. Les antécédens lui sont connus. « La révolution était faite dans l'ordre moral, lorsqu'elle éclata matériellement dans l'ordre politique, » dit avec raison un écrivain (1) dont les aperçus, souvent remplis de

______

(1) M. Fievee.

justesse, sout toujours énoncés sous une forme piquante qui commande l'attention. Monseigneur, la révolution ne fut point cette série de crimes épouvantables qui font horreur; elle fut le renversement de l'arbitraire, renversement préparé par l'accroissement progressif des lumières, et l'on ne demandera jamais pourquoi, après avoir été des siècles sous le joug, une nation voit avec plaisir arriver l'instant de l'égalité proportionnelle des charges publiques, de l'admissibilité aux emplois en raison du mérite, et de la liberté des croyances religieuses. Ce serait, si elle était possible, de l'absence de ce sentiment qu'il faudrait s'étonner. Or, des liens d'amour et de confiance étant dans la loi fondamentale, quels puissans motifs pour craindre de l'ébranler! Et ce sont les ministres eux-mêmes qui viennent porter la main sur cette base immuable des droits publics des Français! La fixité devrait être le caractère propre des lois. Frappé de l'instabilité des nôtres, un écrivain anglais disait dernièrement que nous n'apprendrions jamais à les respecter, si à chaque apparition d'une loi nouvelle nous pouvions être fondés à croire qu'elle ne durerait pas deux années. Qu'eût-il pensé, de voir étendre jusqu'à une loi fondamentale, devant laquelle tout doit s'abaisser, une semblable instabilité ! Cette mobilité perpétuelle, à ne la considérer seulement que dans nos lois ordinaires, détruit la confiance, et fait naître, en prolongeant l'agitation du corps social, la vague inquiétude dont parle le discours de la Couronne. Cela ne saurait être autrement. Prétendre aujourd'hui gouverner les états sans lois fondamentales, serait la plus haute des imprudences, car les lois fondamentales posent des bornes utiles à tous, parce qu'elles sont au-dessus de tous. Les lois fondamentales ferment les portes aux révolutions. Oser entreprendre de changer ces bornes sacrées, est la plus funeste des erreurs.

Votre Excellence daignera peut-être m'objecter qu'en rappelant l'existence d'une fraction dont les vœux, s'ils étaient exaucés, amèneraient bientôt le rétablissement entier de ce qui fut autrefois, j'oublie, ou que j'écarte volontairement une autre fraction, dont les vœux secrets se portent aussi vers un ordre de choses qui n'est plus. Je conviens de l'existence de cette fraction : je ne l'avais point oubliée, et j'ose me flatter que Votre Excellence ne me soupçonnera pas de l'avoir laissée de côté à dessein. Je mériterais peu l'attention que j'ai réclamée, si je pouvais dissimuler avec elle ; mais, outre que cette autre fraction est, si je ne me trompe, infiniment moins nombreuse encore que la précédente, la pente du ministère n'étant pas vers elle, j'ai dû m'occuper de celle-là seulement où est le danger de la fausse route dans laquelle, sans s'en apercevoir, il pourrait s'engager. Cependant, si Votre Excellence veut bien me le permettre, je vais rechercher ce que deviendrait cette autre fraction abandonnée à elle-même, affranchie de toute espèce de surveillance, et supposée assez nombreuse pour qu'elle pût concevoir de coupables espérances. Pour arriver à son but, sans doute, elle commencerait par prendre un masque ; autrement, des vœux criminels exprimés pour le retour du despotisme impérial seraient étouffés à l'instant par l'indignation générale, et tout serait dit.

Mais, en nous permettant l'hypothèse du nombre, nous devons y joindre celle de l'habileté et de la perfidie des moyens. Voyons donc quelles voies cachées, dans la pensée de parvenir à troubler l'ordre, pratiqueront les hommes de cette fraction mécontente. Le voici, selon moi : Pour gouverner les esprits, ils chercheront à les séduire. Ils diront avec Montesquieu, que les êtres intelligens ont des lois qu'ils n'ont pas faites; ils diront que ces lois donnent des droits; ils diront que l'ordre politique dérive de ces droits ; ils diront que les peuples doivent leur existence à cet ordre politique; ils diront qu'une dynastie règne sur un peuple par un vœu national; ils diront que dans le nombre infini de dynasties qui se sont succédées en se déplaçant, celles qui purent s'appuyer sur un semblable vœu furent légitimes ; ils diront que là où une dynastie légitime règne par des lois fondamentales, une résistance légale à l'arbitraire est organisée, et l'ordre maintenu par la résistance même. Ils diront que là où règne impunément l'arbitraire, règne le despotisme, le cordon et les prisons d'état étant, en effet, un terrible arbitraire ; ils diront que là où le despotisme accable les peuples, la résistance à l'oppression est permise. Admettons que ces maximes, et toutes les conséquences qui en dépendent, rappelées avec perfidie, répandues avec profusion, semées dans tous les rangs de la société, propagées, commentées par une tactique savante, qui appellerait adroitement la défiance sur ce qui est, seront parvenues à agiter les esprits. Admettons encore qu'étant chaque jour combattues par des sophismes, attaquées avec un acharnement marqué, peut-être même par des dépositaires imprudens de l'autorité, les discordes civiles en auront acquis une nouvelle force ; que des symptômes inquiétans de fermentation se seront montrés, et qu'enfin les hommes qui auront fomenté ces mouvemens pour en profiter, oseront croire possible et et se disposeront à entreprendre le renversement de l'ordre actuel, pour y substituer un despotisme, leur ouvrage, devant lequel ils seraient prêts à se prosterner de nouveau. Sont-ce là les dangers que Votre Excellence veut qu'on cherche à éviter? Eh bien, monseigneur, hâtons-nous, dans ces dangers assurément bien hypothétiques, hâtons-nous, pour défendre la dynastie régnante, de saisir les armes que l'on voudrait tourner contre elle : c'est la seule voie, et peut-être calculerait-on difficilement les maux qui pourraient résulter du refus d'y entrer, non pas seulement dans l'hypothèse à laquelle je viens de me prêter avec une extrême complaisance, hypothèse dont je reconnais toute l'improbabilité, mais encore dans la réalité des circonstances qui nous pressent de toutes parts ; c'est, dis-je, la seule voie : car la vérité n'est hostile que contre l'erreur. Ouvrons les yeux : partout la crainte répond à la crainte. Les gouvernemens ont peur de l'anarchie; les peuples ont peur du privilége. Qui garantira les uns et les autres des tempêtes que semble renfermer un tel ordre de choses ? La réponse est simple, et, en me lisant, sans doute Votre Excellence l'a déjà faite. Tout, ainsi, nous ramène au respect pour la loi fondamentale. En réglant le privilége, elle prévient ses empiètemens et calme le peuple; mais, pour cela, il faut qu'elle soit autant inviolée qu'inviolable : dans une supposition contraire, on se retrouve sur cette mer des orages signalée par Votre Excellence.

Vainement voudrait-on que le peuple fût moins éclairé : ce vœu aujourd'hui arriverait tard. Le mal est sans remède, si c'est un mal. Il découle de haut dans le temps. Votre Excellence sait qu'au quinzième siècle, trois magiciens, qu'il eût fallu étouffer au berceau, Jean Fusth, d'Aschaffembourg, Jean Guttemberg, de Mayence, et Pierre Schœffer, de Geruzheim, inventèrent cet art diabolique qui répand la pensée avec une facilité et une rapidité extrême, et qui fait que les réflexions que j'ai l'honneur de communiquer en ce moment à Votre Excellence pourraient être connues presque simultanément dans les deux mondes civilisés. Ce procédé, il en faut convenir, a singulièrement servi la civilisation en généralisant les lumières, et il a fini par intéresser les classes inférieures de la société à la chose publique comme à leur chose propre.

4*

Si Votre Excellence veut s'en informer à
son intendant, elle apprendra que le plus
petit fournisseur de sa maison lit avec empressement, chaque matin, à son comptoir, la
feuille du jour. Cet empressement peut être
fâcheux; mais alors c'est, je le répète, un
malheur auquel il faut savoir se résigner,
car l'habitude est profondément contractée :
elle est générale; elle est devenue un besoin,
et rétrograder serait désormais impossible.
Gardons-nous, cependant, de croire que, pour
être devenus plus éclairés et moins dociles
au joug de l'arbitraire, les hommes en sont
plus difficiles à gouverner : ce serait une
erreur dangereuse. Les moyens de gouvernement seuls ont changé. La loi seule commande à des hommes éclairés sur leurs droits.
La bonne foi seule persuade et appelle à elle;
mais quand on voit les organes de la puissance
instituée, dans le même temps et souvent
dans les mêmes actes, invoquer les principes et les violer; prêcher la modération, et
l'oublier, le respect des droits d'autrui, et
les enchaîner; contracter des engagemens

solennels, et les éluder, les ajourner ou les oublier; proclamer son respect pour le trône, et cependant en compromettre la dignité en transformant en propositions royales des projets ministériels qui, pouvant être rejetés, exposeraient la Majesté souveraine à se voir, en quelque sorte, éclipsée devant un pouvoir qui paraîtrait au-dessus d'elle; reconnaître l'inviolabilité du monarque, et toutefois prétendre le faire intervenir personnellement dans les actes du ministère, oubliant que, par la fiction législative la plus respectueuse, les discours émanés du trône sont toujours considérés comme l'ouvrage des Ministres d'Etat, puisque les propositions de lois entraînent une responsabilité au-dessus de laquelle est par essence placée la couronne; essayer, dans un siècle de lumières, de ramener à la religion en recevant des lois dictées du fond de la chancellerie de Rome à une église nationale, lois justement repoussées quelques siècles avant; flétrir, en interprétant les intentions, ce qu'il y a de plus honorable parmi les hommes, et transformer le saint amour de la patrie en vil intérêt personnel, quand c'est devoir de s'abstenir d'une semblable interprétation ; réclamer le respect pour la loi, et l'attaquer ; rappeler que des règles immuables sont données par la loi fondamentale au moment où on altère ces règles immuables ; les altérer, en transgressant son serment ; rappeler que la Charte est jurée, à l'instant où l'on se rend parjure ; croire pouvoir rassurer les esprits agités en réitérant sans cesse que la Charte veille, et en même temps porter une main sacrilége sur elle ; entreprendre de persuader que la Charte doit garantir la sécurité de tous, quand rien ne garantit la Charte elle-même ; attacher une idée de réprobation au mot de théorie en matière de gouvernement, comme s'il pouvait exister de bon gouvernement sans règles, et des règles de gouvernement sans théories, on ne sait si on rêve ou si on veille. On se demande qui l'on veut convaincre ; à qui l'on parle ; à quels hommes on s'adresse. On ne retrouve ici qu'erreur ou mauvaise foi, et la confiance s'enfuit. Hommes dans les mains desquels la fortune a déposé le pouvoir, une voie seule vous est offerte pour l'exercer avec honneur et succès ; mais elle est sûre : Soyez d'accord avec vous-mêmes. Serait-il donc si pénible de ne parler à vos semblables qu'une langue qu'ils pussent comprendre ? Dans l'état actuel de la civilisation, la force et la dissimulation réunies peuvent bien gouverner quelque temps ; mais ce n'est qu'en laissant dans la société un levain de dissension qui la tourmente et qui finit toujours par une explosion. Pascal a dit : « C'est une étrange et longue guerre que celle où la violence essaye d'opprimer la vérité. La vérité finit par surnager. » Le mensonge, peu français, le mensonge, indigne d'un gouvernement qui se respecte, le mensonge ne peut aujourd'hui être un moyen de'gouvernement, et il serait une insulte au bon sens des peuples. Lorsque, dans son discours, Votre Excellence a abordé avec une franchise entière quelques questions d'une haute importance, elle a donné un exemple précieux, et trop peu suivi dans les rangs supérieurs de la société auxquels elle appartient : je ne sais quelle langue de convention y semble trop souvent faite tout exprès pour appeler les soupçons.

J'ai avancé que trop fréquemment, en politique, l'on méconnaissait le principe moral des actions humaines, et les conséquences d'une semblable erreur me paraissent funestes : il n'est que trop aisé de s'en convaincre sans sortir de la Chambre des députés. Les applications seraient donc infinies autour de nous; mais je vais prendre un exemple un peu plus loin. Si vous donnez l'épithète d'héroïque à une nation voisine, défendant le trône de l'invasion du dehors, et, au-dedans, de l'envahissement de l'arbitraire, on veut bien partager votre enthousiasme et avouer que la nation espagnole fut héroïque, quant au premier chef : on le conteste pour le second, où l'on ne voit que la révolte de quelques soldats, et l'on nous apprend que la résistance de la force armée est le renversement de l'ordre politique. Sans doute; mais on ne renverse que ce qui est, et Votre Excellence ne voudrait pas soutenir que là où le bon plaisir du prince fait la loi, c'est-à-dire où il y a absence de loi fondamentale, il existe un ordre politique. Or, tel était l'état de l'Espagne; il y avait absence de tout ordre politique, alors que le pouvoir n'avait pas de règle; et, quant à l'ordre moral, je n'affligerai pas le cœur de Votre Excellence du souvenir de tant d'égaremens qui eurent lieu dans l'espace de quelques années, où un gouvernement absolu crut pouvoir maîtriser tous les obstacles par les échafauds et les prisons. Le prince, trompé par ceux qui l'entouraient et qui abusaient de son pouvoir pour opprimer, ne fut éclairé sur ses vrais intérêts et rendu à l'amour des Espagnols que le jour où la résistance vint lui apprendre que la nation, toujours héroïque, qui lui avait conservé le trône, attendait de l'y voir monter, et qu'elle n'avait pas répandu le plus pur de son sang, pour le gouvernement sans pudeur, comme sans responsabilité, de quelques hommes corrompus, flatteurs du prince et usurpateurs de sa puissance (1).

_____

(1) Il faut redouter par dessus tout que la souveraineté de la société ait à exercer immédiatement sa puissance La

Dans les deux circonstances, que l'on voudrait vainement séparer, un seul principe

---

raison en est simple. Dans sa colère, cette puissance agit comme la foudre, elle reduit en poussière ce qu'elle touche. Si l'action de la souveraineté de la société frappe comme la foudre, la raison en est simple encore, elle ne connaît point d'obstacles. Les autorités instituées ne sont si bienfaisantes, quand elles ne sortent pas de l'esprit de leur institution, que parce qu'elles ont une marche reglee. La souveraineté nationale n'en a pas. Pour que son action pût toujours être juste, deux conditions, bien difficiles à rencontrer reunies, seraient de rigueur, la droiture d'intention et les lumières. Juste dans l'intention, mais aveugle, l'action n'en sera que plus funeste dans ses effets, et la société se suicidera elle-même. Aussi la seule idée de l'action de la souveraineté de la société imprime-t-elle une terreur profonde aux hommes qui pensent, et cette terreur est trop bien fondee pour que l'on soit en droit de la condamner. Cependant, voudra-t-on me permettre de le dire, le danger n'est pas dans le dogme, aveu d'une vérité immuable. Voici où il se trouve tout entier. On ne peut concevoir que trois manières possibles d'existence pour un peuple, et de ces trois manières une seule est bonne avec une loi fondamentale qui domine les pouvoirs, avec une loi fondamentale dominee par les pouvoirs, ou sans loi fondamentale. Dans la première hypothese, seulement, le membre de la cite n'est jamais victime de l'arbitraire, parce que l'arbitraire ne se trouve jamais sur

vint donc animer la nation espagnole , et
ce principe fut également honorable pour

---

la route des pouvoirs. Dans les deux autres . l'arbitraire
existe il existe necessairement, il penètre tout , il
corrompt tout , il mène infailliblement à l'abus ; l'abus
de l'arbitraire conduit au despotisme , et le despotisme
aboutit tôt ou tard à l'insurrection ; l'anarchie marche
avec elle jusqu'à ce qu'après de longues et déplorables
convuls ons l'ordre renaisse du désordre même , et que
les lois reprennent l'empire qu'elles n'auraient jamais
dû perdre. On le voit, que de maux decoulent d'une
seule cause, et combien il eût ete facile de les prévenir '
La presence d'une loi fondamentale eût suffi , puisque
partout où elle garantira les droits des membres de la
cite , la possibilite et le désir de la resistance cesseront
aussitôt. Que dans sa marche l'arbitraire rencontre cette
resistance , cela se conçoit , mais la loi fondamentale
jamais. Cela est impossible ; ce serait la revolte , et elle
doit être punie à l'instant.

J'entends parler d'une theorie qui, en politique,
n'admet dans aucunes circonstances le pouvoir absolu
dans la main des hommes , pas plus dans le corps social
que dans ses chefs , d'une théorie qui ne reconnaît de
souveraineté que celle de la justice Et je declare que
si la conviction se commandait , je serais porte à adherer
en tout point à ces idées. Mais en matière de raisonnement l'esprit veut des preuves. J'attends d'être éclaire
sur cette théorie nouvelle pour moi Je me bornerai
seulement à une reflexion à cet egard. Sans doute pour que

elle, et un témoignage également pur d'amour et de fidélité pour le prince. Apprenons, par cet exemple, à nous défier des passions de parti, elles sont prodigues d'épithètes infamantes. Pour elles, l'Espagne versant son sang pour son roi, est héroïque : elle n'est plus que révoltée, en repoussant les maux intolérables de l'oligarchie de quelques courtisans, usurpateurs de la puissance royale. Quand cette nation fidèle adhère visiblement à ce mouvement de résistance qui doit porter la lumière au pied du trône, elles n'en soutiendront pas moins que la nation espagnole n'adhère point et que le mouvement est illégal, comme si l'exil, les cachots remplis de victimes, les échafauds teints du sang innocent, étaient

------

les institutions des hommes soient durables, il faut qu'elles soient fondées sur la justice. Rien n'est plus evident. Est-ce la ce qu'on a voulu dire ? Mais comment se manifeste parmi les hommes ce qui est juste ? N'est-ce pas par un acte de leur volonté qui le cherche, qui le suit partout, qui s'attache fortement a ce qui en a le caractère ? Et cette volonté, qui proclame ce qui est juste, ou faut-il la prendre, et quel nom veut-on lui imposer ?

bien légaux ; comme s'il y avait quelque chose de légal en Espagne, sous un roi trompé, ajournant les vœux de ses sujets, violant ses promesses, et, contre la bonté naturelle de son caractère, appesantissant arbitrairement son sceptre sur cette noble et fidèle nation. L'Espagne est loin de nous ; les détails de tous les maux amenés par le régime oppressif de cette époque ne nous sont peut-être pas encore bien connus : le fussent-ils moins, il est, en quelque sorte, un instinct qui fait que partout les fauteurs du despotisme s'entendent, et par l'écho de quelques feuilles de Paris il nous serait facile de juger de toute l'oppression de Madrid. A la joie que l'on montre, à l'indécence du cri limitatif d'allégresse et de rage que l'on fait entendre, il n'y a plus, il ne saurait plus y avoir de doutes. Monseigneur, si l'on disait à ces gens là qu'il n'est pas plus possible de concevoir, dans l'ordre public, le pouvoir sans responsabilité, que dans l'ordre physique la lumière sans ombre, ils ne vous comprendraient pas. Cette vérité, toute simple qu'elle est, se trouverait au-dessus de leur intelligence.

Après tout, cette absence d'idées saines en politique paraîtra ici à Votre Excellence assez indifférente sans doute. Elle ne menace point la tranquillité publique : là n'est pas le danger. L'erreur ne saurait aujourd'hui être contagieuse, les peuples sont trop éclairés. Ce qui est plus déplorable par ses conséquences, c'est la fatale cécité de quelques cabinets de l'Europe. Le mot est sévère, mais vrai; et puisque je l'ai laissé couler de ma plume, je dois chercher à le justifier aux yeux de Votre Excellence; la tâche me semble facile. En effet, les puissances dont ces cabinets manifestent la pensée, paraissent s'inquiéter beaucoup de la pente qui entraîne les peuples dans des révolutions, et la cause du danger qu'ils redoutent leur semble être toute entière dans des dogmes politiques qu'elles croient en conséquence de leur devoir de repousser de toutes leurs forces. Mais d'abord les dogmes politiques dont on parle sont ap-

puyés sur des raisonnemens. Si les raisonnemens sont mauvais, les dogmes politiques
sont faux ; s'ils sont bons, les dogmes politiques sont vrais. Il semblerait donc que le
moyen le plus naturel de combattre ces
dogmes politiques que l'on croit funestes
pour la société, serait de prouver le peu de
solidité des raisonnemens qui les appuyent.
Ce moyen serait le seul légitime ; il serait
encore le seul efficace : c'est toutefois celui
que les puissances ont oublié. Du moins, ne
sais-je pas que les plus légères démonstrations
aient eu lieu à ce sujet. Organes de ces puissances, les cabinets, sans opposer le raisonnement au raisonnement, s'attachent de
préférence, toutefois sans l'établir, à cette
idée de dangers, qu'ils regardent comme
toujours prêts à compromettre l'existence
des corps politiques. Mais en admettant l'hypothèse de la réalité des dangers, les moyens
de les prévenir se trouvent encore dans leurs
mains, et la prudence semble les leur indi-
quer. Comment ne voient-ils point que les
dangers dont on s'épouvante cessent alors
que l'État est constitué, puisque la loi cons-

titutive domine les sujets et les pouvoirs? Si Ferdinand VII avait tenu sa parole royale, il n'y eût point eu de révolution en Espagne. Tant qu'un peuple ne sera point sous la protection de ses lois fondamentales, lois, par leur essence, au-dessus de tous les pouvoirs constitués; c'est-à-dire tant que le peuple sera gouverné par l'arbitraire, la résistance sera toujours à côté de lui. La raison en est simple : « les gouvernemens sont faits pour les peuples, et non les peuples pour les gouvernemens. » Cette vérité, aussi ancienne que le monde civilisé, n'est pas de moi, et Votre Excellence connaît la plume éloquente, chère aux lettres et à la religion, à laquelle je l'emprunte.

Cependant, d'une part, ne point démontrer l'illusion de dogmes politiques que, néanmoins, on repousse en les accusant de fausseté, et, d'une autre part, rejeter des mesures qui écarteraient les dangers que l'on redoute, c'est se condamner au dernier argument des Rois. Voilà donc la force matérielle chargée de réfuter ces dogmes politiques qui ont des raisonnemens pour appui ! Cent mille baïonnettes les repousseront sans les renverser : les dogmes resteront debout. Comprimer la vérité, c'est vouloir encore du sang et des crimes, c'est encore attacher avec plus de force les hommes aux dogmes politiques proscrits : c'est ce qu'on aura obtenu.

Ici, l'absence de la logique est le plus affreux présent que les furies aient pu faire aux hommes lorsque ces hommes sont puissans. Cependant la sorte de terreur qu'éprouvent ces cabinets n'est point partagée. Ces dogmes politiques qui tourmentent ceux-là, et contre lesquels ils paraissent disposés à diriger la force des armes, avoués partout aujourd'hui par les hommes éclairés qui pensent, et que des passions ou des préjugés de position ne maîtrisent pas ; ces dogmes politiques, dis-je, sont reconnus par les autres cabinets, et admis comme principes intégrans dans la loi fondamentale de divers états du Nord au midi de l'Europe ; et, loin que ces principes soient le renversement de l'ordre, au contraire on ne s'aperçoit pas que ces états soient moins bien gouvernés et que les pouvoirs institués y soient moins forts et moins respectés. N'y a-t-il donc que des pouvoirs institués parmi les hommes, me demandera-t-on peut-être ? N'y a-t-il pas dans les sociétés politiques des pouvoirs qui descendent du ciel? Je n'en connais qu'un : le pouvoir des idées morales. Ce n'est pas ce que prétendent, je le sais, les cabinets dont je parle. Eh bien, qu'il en soit autrement, j'y consens pour un moment et par une simple hypothèse : voyez à l'instant quel abîme de difficultés et de malheurs est ouvert devant ces prétentions ! Et d'abord, le pouvoir des rois, inviolable, exercé dans l'état par des ministres délibérans sans responsabilité (1) ; en second lieu, les rois réunis en conseil, délibérant eux-mêmes, si la modération et la justice ne sont pas toujours montées sur les trônes avec les têtes couronnées, pouvant asservir la volonté de rois plus éclairés, mais aussi plus faibles, hypothèse qu'il

____

(1) Dans le systeme representatif le Monarque étant inviolable, ses ministres doivent être responsables, mais, dans le systeme du droit divin, le Monarque ne devant compte qu'à Dieu seul, il serait absurde de rendre les organes de ses volontés responsables.

est permis de supposer puisqu'elle est possible ; la nécessité, enfin, en vertu de ce
pouvoir illimité, descendu du ciel, de
poursuivre partout, comme un incendie
menaçant tous les états, quelles que soient
d'ailleurs les barrières politiques et natu-
relles, des dogmes reconnus principes
de malheur; nécessité évidente, rigou-
reuse, absolue, puisque, du point le plus
éloigné, l'incendie moral pourrait en un
instant atteindre l'autre point, qui n'aurait
pas semblé d'abord menacé. Ces conséquences sont justes ; elles découlent de l'hypothèse d'un pouvoir politique illimité et
sans contrepoids humain. En de si hautes
discussions la franchise est devoir et devoir
bien impérieux. Il faut aller loyalement jusqu'aux derniers résultats. Si les Monarques
ont le droit d'intervenir dans les affaires
intérieures des autres états, ils le doivent
toujours, en vertu du droit divin ; ils le doivent, quand même ces autres états ne présen-
teraient aucuns caractères prochains d'hos-
tilité ; ils le doivent, car ils auront un compte
sévère à rendre à l'Être infini ; ils le doi-

vent, dès-lors que des dogmes politiques qui leur paraissent dangereux sont admis dans ces autres états. De là, le précepte de faire servir la puissance dont le ciel les rendit dépositaires, à renverser, s'ils le peuvent, les gouvernemens existans dans lesquels ces dogmes politiques proscrits se rencontreraient, sous quelque forme qu'ils pussent se montrer, quelque puissans, formidables, et en apparence bien gouvernés, que parussent d'ailleurs ces états; car le devoir d'éteindre un incendie ne peut recevoir de composition, et qu'à cet égard rien ne serait fait si tout n'était pas fait; en sorte que, si, par exemple, on était parvenu à renverser le gouvernement anglais, entaché des dogmes politiques réprouvés, il faudrait penser que les Etats-Unis de l'Amérique du Nord restent encore au-delà des mers. Voilà, en pressant les conséquences, où conduisent les maximes des cabinets que j'ai accusés d'aveuglement. Me trompé-je moi-même dans mon accusation? Votre Excellence peut prononcer. Que Votre Excellence daigne encore me permettre de le dire : En France, le ministère sort des voies constitutionnelles, parce qu'il craint l'agitation des esprits ; mais les esprits ne sont-ils pas agités précisément parce qu'on leur fait attendre les lois organiques qu'on leur a promises? Pendant qu'ils les demandent, le ministère réclame des lois suspensives. D'une part, l'on dit : Pour gouverner des esprits agités il faut arrêter l'action de la loi fondamentale; de l'autre part, on répond : Pour calmer des esprits agités il faut compléter l'action, qui n'est point encore organisée, de cette loi fondamentale. De quel côté est-on fondé ? Je supplie Votre Excellence d'y réfléchir et de prononcer encore elle-même.

En dernière analyse, deux opinions luttent ensemble. Elles opposent, dans la société, les hommes aux hommes, et les prétentions aux prétentions; dans l'ordre diplomatique, elles divisent les cabinets en deux zones contraires; dans l'ordre politique, elles divisent, elles font plus, elles aigrissent entre eux les membres des pouvoirs collectifs; dans l'ordre judiciaire, la magistrature est entraînée hors de ses voies. La lutte est ancienne : elle date des temps où furent méconnus les rapports mutuels du droit et du privilége : du droit, descendu du ciel sur la terre pour y faire régner la justice et maintenir l'ordre dans la société ; du privilége, né de la société pour concourir au maintien de cet ordre, et qui trop souvent ne parut destiné qu'à en troubler l'harmonie. Monseigneur, n'oublions jamais que l'un vient d'en-haut et est préexistant à toutes les lois humaines. « Avant qu'il y eût des lois faites, il y avait des rapports de justice possibles, » dit Montesquieu. Que l'autre apparaît à l'époque de l'organisation des sociétés politiques et est institué. La distinction est fondamentale. Ce langage est clair pour qui veut l'entendre, il n'y faut point d'apprêt. « La vérité est aisée pour celui qui la cherche avec un cœur simple, » dit le bon Paria de l'Inde, instruit par le malheur. L'Indien a raison, lorsque nous nous fourvoyons, ce sont nos passions qui troublent notre vue. Mais n'est-ce pas aussi une passion qui a pour objet le bien général ? Sans doute, et la plus noble de toutes, celle qui prouve le mieux la céleste origine de l'homme et sa tendance sur la terre. Et cette passion du bien général n'est-elle pas en majorité dans la société ? Elle l'est, car l'homme est bon ; et c'est ce qui fera toujours triompher contre les personnes prévenues les principes de la révolution consacrés par la Charte elle - même. Mais pourquoi ces personnes s'écartent-elles volontairement du bien général ? Elles croient y tendre encore : l'esprit de castes a déplacé le but, et c'est alors que nos passions faussées nous égarent. Au surplus, nous avons reconnu plus haut, que, par une fatalité constante, quelle qu'en soit la cause, sur les questions les plus importantes d'ordre social, et il nous eût été facile de multiplier les exemples, les membres du côté droit embrassaient toujours une opinion diamétralement opposée à celle professée par les membres du côté gauche. Il en est de même dans celle sur les rapports du droit et du privilége. Pour eux, le pouvoir des rois est placé dans le ciel, et le droit n'est qu'une concession ; en sorte qu'on ne sait où l'on est , soit à l'égard du pouvoir, toujours légitime, quelles que soient les présomptions d'usurpation, si son origine n'est pas sur la terre; soit à l'égard du droit, qui, quelque juste qu'il fût, pourrait toujours être refusé s'il n'était qu'une concession. En vérité, quand on accuse à tout propos, et avec une si extraordinaire facilité, ses adversaires de se livrer à de vaines théories, il faudrait soi-même savoir en adopter d'un peu moins inintelligibles.

Monseigneur, en prenant la plume j'étais pénétré de cette vérité, que des deux côtés de la Chambre des Députés il existait une opposition d'opinions trop marquée pour laisser espérer un rapprochement. En la quittant je suis plus convaincu encore de cette vérité pénible pour ceux qui aiment leur patrie. En effet, les opinions sont si constamment opposées, qu'il serait difficile qu'elles le fussent davantage; et se dissimuler que les deux partis qui siégent au sein de l'assemblée des Députés sont à jamais inconciliables, que même ils doivent l'être, puisque l'opposition entre eux porte sur les bases de l'organisation sociale, sur les principes

fondamentaux, serait vouloir se faire illusion. De la droite à la gauche, dans une
même enceinte, tout est autre, jusqu'à la
langue. Et non seulement tout est autre
dans l'enceinte rétrécie de la Chambre des
Députés, mais encore hors de cette enceinte,
dans la France entière, hors de la France,
dans les autres Etats de l'Europe, partout
enfin où, par les progrès de la civilisation,
les élémens de l'ordre social, ou, ce qui est
une même chose, la haîne de l'arbitraire,
sont entrés dans la raison publique et luttent contre cet arbitraire habile à se montrer sous toutes les formes et toujours prêt
à opprimer. Dans cette question ainsi géné-
ralisée, si les gouvernemens se placent dans
une mauvaise voie, s'ils appellent faction
ce qui est légitime, et légitime ce qui ne l'est
pas, s'ils persistent à ne pas voir ce qui est,
et que tous aperçoivent, ils préparent eux-
mêmes de nouveaux déchiremens, et les
maux qui découleront d'une semblable
marche seront incalculables : maux amenés
en contestant des vérités incontestables.
Désormais, cependant, le bonheur des nations

èt les succès des gouvernemens tiennent au
respect que l'on aura pour elles. Il suit que
partout le gouvernement sera aisé, calme,
assuré, ou pénible, agité et incertain, selon
la route qui sera préférée, et que les conséquences les plus funestes ou les plus heureuses deviendront le résultat du choix.
Combien donc importe-t-il que la détermination soit éclairée! Les erreurs sont bien
graves en politique : quelles discordes civiles
ne laisse pas entrevoir l'âpreté des prétentions que l'on oppose à des vérités aujour-
d'hui reconnues! Et puisque si des deux opinions qui se combattent, et dont une seule
peut être vraie, un gouvernement adopte
celle qui ne l'est pas, il léguera infailliblement de longues dissensions à l'état. La pos-
sibilité d'une erreur semblable qui doit porter
des fruits si amers, appelle la plus sévère attention de la part de ceux qui sont destinés
à gouverner. Monseigneur, on peut s'égarer
en voulant le bien général ; trop d'exemples
prouvent cette vérité. C'est à des Ministres
responsables en principe, responsables envers leurs contemporains, comptables en-

vers la postérité, et surtout amis de leur pays, à examiner de toute la hauteur d'aussi graves circonstances la délibération. Parvenu a cette dernière considération, je m'arrête, il en est temps, et je supplie de rechef Votre Excellence de pardonner la longue indiscrétion de ma lettre.

Je ne peux me défendre néanmoins d'une dernière observation. Elle est particuliere, et me ramène à la Chambre des Députés. Il n'y a pas de doute que dans le choc des opinions qui dans cette assemblée se heurtent sans cesse et avec une si extrême violence, le but réel, le but unique, but qu'on ne peut que s'empresser d'avouer, ne soit le bonheur de la patrie. N'accusons pas les intentions, nous n'en avons jamais le droit. Or, Votre Excellence aura peu de peine à concevoir que sous le gouvernement représentatif le peuple français, ou, en d'autres termes, le peuple le plus sensible, le plus généreux et le plus confiant qui fût jamais, mérite d'être noblement représenté, et que le premier devoir, quand on a le bonheur de lui appartenir, est de savoir s'en honorer.

Que penser donc de ces mandataires français qui, à la tribune nationale, sans orgueil national, cherchent à flétrir les titres de sa gloire! Tant de haîne, et si hors de propos, est assurément le plus funeste des sentimens et la plus grande des erreurs. Ce trait caractéristique de l'époque actuelle restera dans l'histoire.

Je suis avec respect , etc.

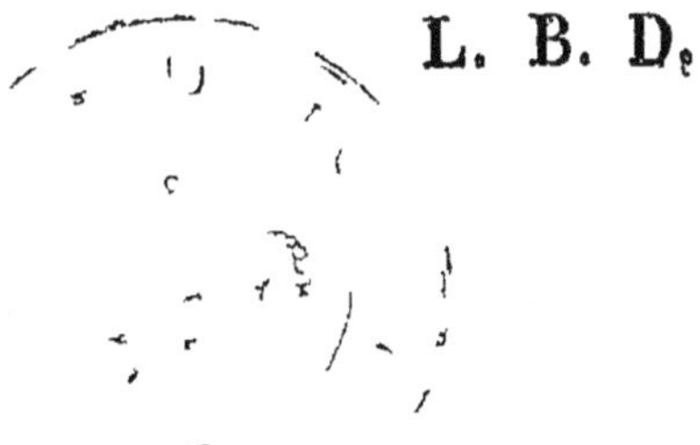

L. B. D.